AF253692

EXPOSÉ

D'UN

PROJET SÉRIEUX

POUR ÉCONOMISER DES SOMMES ÉNORMES

AU GOUVERNEMENT DE LA RÉPUBLIQUE FRANÇAISE

en lui procurant des millions annuellement
et en dégrevant dans toute la France les stricts aliments
de l'ouvrier, du petit commerçant et des familles
malaisées, sur les vins, le gibier, la volaille, le poisson et tous
les comestibles, de l'impôt des rentes et actions publiques,
armoiries et titres, chevaux et voitures de luxe et sur les chiens

PRÉSENTÉ PAR

DUMONT, Benoit (de l'Eure)

AUX CITOYENS MEMBRES DU GOUVERNEMENT PROVISOIRE
DE LA RÉPUBLIQUE FRANÇAISE, LE 5 MARS 1848.

PRIX : 15 CENTIMES.

PARIS.

GRELLÉ, Passage du Caire, 64—65.

1848.

Paris. — Imp. Lacrampe et Fertiaux, rue Damiette, 2.

Citoyens,

C'est à vos mûres appréciations, à vos sages délibérations que j'ai l'honneur de soumettre les projets suivants, qui, se réalisant, dégreveraient pour toujours l'impitoyable impôt qui pèse sur l'entrée des stricts aliments de l'ouvrier, des petits commerçants et des classes malaisées dans les villes payant entrée, mais principalement dans la ville de Paris, où ces classes sont doublement malheureuses en ce moment.

ART. PREMIER.

Pour obtenir l'économie précitée, cette réforme tant désirée, et procurer d'énormes ressources à l'Etat de la République, il serait convenable de reviser les boissons et comestibles comme il est indiqué dans les tableaux qui suivent, et d'abolir toutes visites et exercices sur les boissons en général, pour que les vins, les cidres, poirés, vinaigres, esprits, liqueurs entrent et circulent librement dans l'intérieur de la République Française; par ce moyen, plus d'employés à payer, alors, économie réelle sur ce point.

ART. 2.

Il est constant, il est évident que l'Etat ne peut exister sans le secours d'un impôt; en conséquence il faut trouver un moyen de rendre à l'État, ce que nous lui demandons de réforme en faveur des classes malaisées, C'est difficile, me dira-t-on; mais si j'ai l'honneur d'être bien compris dans cet humble travail, on en verra les moyens dans les articles suivants.

ART. 3.

Pour arriver précisément aux réformes et aux ressources précitées, il faudrait faire expertiser et classer le produit des vignes par hectares, le produit en moyenne du rendement des vins que l'on en retirerait annuellement, et la valeur de ces vins selon les localités.

EXEMPLE.

Un hectare de vigne qui produirait 25 hect. de vin moyennement annuellement, et dont ce vin serait estimé jusqu'à 15 fr. l'hectolitre, l'hectare de vignes produisant ce vin payerait à la contribution foncière 25 fr. annuellement.

	fr.	c.
Ci	25 fr.	« c.
Alors de 15 à 25 fr. . . .	37	50
De 25 à 40 fr. . . .	50	«
De 40 à 50 fr. . . .	75	«
De 50 à 70 fr. . . .	100	«
De 70 à 90 fr. . . .	125	«
De 90 à 150 fr. . . .	150	«
De 150 à 175 fr. . .	175	«

De 175 à 200 fr. . . . . 200 fr. « c.

De 200 à 250 fr. . . . . 250 . . «

De 250 à 300 fr. . . . 300 . . «

Les vins étrangers à la douane payeraient le cinquième de leur valeur pour entrer en France.

ART. 4.

Les propriétés plantées d'arbres produisant des fruits alimentaires, chaque arbre payerait à la contribution foncière annuellement 10 centimes par pied.

Supposons en France cent millions de pieds d'arbres fruitiers à pepin et noyau imposables à 10 centimes le pied en moyenne, ce qui donnerait annuellement un impôt au capital de dix millions.

En conséquence il faut voir et se bien convaincre que, par ce simple travail, l'on économiserait des sommes énormes annuellement au Gouvernement, qui n'aurait plus à payer les employés qui irritent les consommateurs et les débitants qui journellement sont humiliés par l'exercice vexatoire de cet impôt sur les boissons.

Dans ce nouvel ordre de choses existant il n'y aurait plus de fraude pour le Gouvernement, puisque ce serait la propriété foncière qui payerait cet impôt aux mains des percepteurs, comme l'ont toujours fait les propriétaires des propriétés rurales.

Mais, me dira-t-on, vous imposez la propriété foncière extraordinairement ; c'est vrai, dois-je répondre ; mais au lieu de vendre son vin 10 et 15 fr., le propriétaire vendrait ce vin 12 et 18 fr., afin de retrouver l'imposé de son impôt. Mais aussi l'acheteur, dans cet état de choses, trouverait une grande tranquillité pour la circulation de ses achats, attendu qu'il n'aurait plus besoin de congé n'y d'acquit à caution, sans attendre l'heure de rigueur des octrois; il partirait de Bordeaux pour Paris : quand il serait prêt, comme il le ferait de tous les points de la France. Hélas! quelle accélérité *pour le commerçant* et quelle tranquillité pour les débitants, pour les marchands des campagnes, qui ont à supporter la visite des contrôleurs, et qui malgré leur sévère visite font la fraude.

On me dira aussi : Les propriétaires boivent; il ne faut pas leur faire payer leurs boissons. Alors je dirai : Laissez-leur le huitième pour leurs maisons, et ne les imposez que pour le surplus. (1)

---

(1) Les personnes qui désireraient de leur signature appuyer cette pétition sont invitées à se présenter chez M. FRENELLE, *marchand de vin*, rue des Carrières à Charenton, où elle est déposée.

ART. 5.

Dans cette circonstance les tableaux précédents et les tableaux suivants procureraient aux familles malaisées le dégrèvement du pitoyable impôt qui frappe leurs chétifs aliments, et les recettes du trésor de la ville de Paris et des villes payant entrée n'y perdraient pas, au contraire elles y gagneraient, attendu que les boissons, les comestibles et les objets de luxe, annotés dans les tableaux ci-après et précédents procureraient un actif de plusieurs millions annuellement au trésor de la République, et désormais les petits consommateurs ne seraient plus exposés à boire ce liquide falsifié qui brûle le corps et lentement détruit la santé la plus robuste.

ART. 6.

Hélas! dans une année aussi abondante

en aliments, il est cruel que la population de Paris ne puisse profiter des masses de petits vins et cidres qui se récoltent aux portes de Paris et qui se trouveront perdus, attendu qu'il faut payer 25 centimes d'entrée par litre, lorsque ces boissons ne coûtent d'achat, savoir : le vin 10 centimes et le cidre 3 centimes le litre. Nous le répéterons hautement, il est cruel de perdre des aliments que la Providence nous donne pour laisser boire de l'eau aux travailleurs qui avec plaisir boiraient dans leur chétif repas de famille un demi-litre de ces boissons qui ne leur coûterait que 5 ou 10 centimes si les entrées étaient réduites d'après les tableaux précédents.

Tout le monde, mais au moins beaucoup de monde, sait que la nourriture saine, la nourriture abondante fortifie le corps, donne et conserve la santé; en conséquence il faut donner aux travailleurs la facilité de se nourrir convenablement.

ART. 7.

Dans l'intérêt des classes malaisées, dans l'intérêt de tout le monde et même dans celui du gouvernement de la République Française, il conviendrait d'adopter les tableaux précédents et suivants.

ART. 8.

ÉPICERIE.

L'huile à brûler étant l'éclairage des ouvriers et petits commerçants, il conviendrait de n'imposer son entrée qu'à 10 c. le kilo, ci. . . . . « fr. 10 c.

Toutes les huiles au-dessous de 3 fr. le kilo ne payeraient que 10 c., ci. . . . . . . « 10

Mais l'huile d'olives qui coûterait 3 f. et au-dessus le k., payerait « fr. 75 c.

La bougie payerait le dixième de sa valeur.

Le fromage de Roquefort, de Parmesan, de Chester et autres analogues payeraient le kilo . . « 50

Le café, le vingtième de sa valeur.

Le cacao, le vingtième de sa valeur.

La vanille, les pistaches, les amendes, les trois premières qualités de sucre, la colle de poisson, la gélatine, la cochenille et autres objets analogues payeraient le quinzième de leur valeur.

Le petit salé payerait pour entrée le kilo . . . . « 5

ART. 9.

BEURRE, ŒUFS ET LÉGUMES CONFITS.

Le beurre qui coûterait 2 f. 50 c.

le k., payerait par k. pour entrée   « fr. 30 c.

Les œufs en général servent à faire des mets de friandise, il convient de les faire payer 5 fr. le mille, ci 5   «

Petits pois conservés et hari-cots verts payeraient le kilo . . « 20

ART. 10.

Tous comestibles pour entrée dans telle ou telle ville payeraient le kilo . . . . « 50

Les truffes le kilo payeraient 2   «

L'ananas payerait la pièce . « 50

ART. 11.

VOLAILLE.

La poularde, le dinde gras et

le chapon, la pièce. . . . . « fr. 40 c.

Le poulet et le canard gras . « 25

Le pigeon de volière. . . « 10

L'agneau, le kilo. . . . . « 40

ART. 12.

POISSON.

L'éperlan, le kilo payerait . 2 «

La crevette le kilo. . . . 1 50

Le barbeau, le turbot, le brochet, l'anguille, la perche, la carpe, le saumon, la truite, la barbue, le cabillot, la sole, le bar, l'alose, le cailleteau, payeront par kilo. . . . . « 30

Le homard, la langousse, la pièce. . . . . « 50

Les huitres vertes et de Cancale, la douzaine. . . . . « 10

Les autres huitres, la douzaine « 5

ART. 13.

GIBIER.

Le sanglier, le chevreuil, le
gros gibier, le kilo. . . . . « fr. 30 c.

Le faisan doré et autres, la
pièce. . . . . 1 «

Le lièvre, la pièce . . . . « 50

Le canard sauvage, le lapin
de garenne, la perdrix rouge et
la bécasse, la pièce. . . . . « 25

La perdrix grise, le râle, la
sarcelle, la bécassine, la caille,
le pluvier doré et autre gibier
analogue, la pièce. . . . . « 20

Menu gibier, la douzaine. . « 50

ART. 14.

Il faut voir que s'il se consomme dans les
villes de France payant entrée, 50,000 kilos
de gibier, poisson, beurre, œufs, cacao, café,

sucre, volaille, épicerie, comestibles à 20 c.
le kilo, par jour 10,000 f., par an 3,700,000 f.
de perte pour l'Etat, au bénéfice des friands.
Mais s'il se consomme 100,000 kilogrammes
de ces comestibles, alors perte réelle pour
l'Etat de 7,400,000 fr.

ART. 15.

DE LA RENTE SUR L'ÉTAT ET ACTIONS PUBLIQUES.

La rente sur l'État et actions publiques
payeront à l'impôt direct 3 0/0 de leur
revenu.

Car la rente sur l'État et les actions
publiques ne payent pas d'impôt comparative-
ment à la propriété foncière; elles devraient
en payer. Écraser l'un pour soulager l'autre,
est-ce juste? Assurément non. En conséquence, nous supplions les Représentants
du peuple français, le citoyen ministre des

finances, de porter leur attention bienveil-
lante sur ce point capital.

Il serait aussi de toute urgence de reviser
l'impôt sur les terres; car il est évident, que
dans une expertise lumineuse et loyale on
reconnaîtrait que les premières classes des
terres en certaines communes sont faiblement
imposées au détriment des propriétés bâties.

ART 16.

IMPOT SUR LES CHEVAUX ET VOITURES DE LUXE.

Les chevaux et les voitures de luxe ne
payent pas d'impôt, quand des milliers de
petits commerçants sont écrasés de patente
et de charges de ville? Est-ce juste? assurément non. Il faut voir qu'au citoyen qui a
vingt, cinquante, cent mille livres de rentes il
serait plus facile d'acquitter 100 fr. d'impôt
qu'au père chargé de famille, à qui un faible et

laborieux commerce donne à peine de quoi vivre, d'acquitter 1 fr. de l'impôt de sa cote mobilière? En conséquence, il convient d'imposer comme suit :

Une voiture à deux chevaux payerait annuellement un impôt direct de. . . . . 100 fr.

Une voiture à un cheval, *id*. 50

ART. 17.

ARMOIRIES ET TITRES.

Si l'Assemblée nationale admettait l'émission des titres et armoiries, on peut croire qu'il serait convenable de procéder ainsi :

Titre et armoirie de principauté payeraient annuellement à la contribution patente. . . . . . 5,000 fr.

Id. de duc. 3,000

Id. de comte et baron. 2,000

Id. de marquis et vicomte. . . . 1,000

ART. 18.

IMPOT SUR LES CHIENS.

Les chiens de garde payeraient 5
Id. de chasse. 15
Id. de fantaisie. 15

Annuellement les chiens dévorent plus d'un million de kilos de pain et de viande qu'il serait plus juste de donner aux pauvres que de nourrir des animaux, qui, lorsque la rage les prend, n'épargnent ni maître ni maîtresse. Hélas!... malheur à celui qui subit ce sort affreux.

Alors il ne faut pas craindre d'imposer ces animaux. Cette taxe, qu'ils subiraient, diminuerait leur nombre, surtout le nombre des chiens errants, qui est sans doute fort inutile.

RÉCAPITULATION.

NOUVEL IMPÔT.

Supposez 4,000,000 d'hectares de vignes imposées en moyenne pour son rapport en vin à 135 f. 18 c. par an, l'hectare ferait un revenu annuel à l'impôt direct de. . . . . . . 540,720,000 fr.

Supposez 100,000,000 de pieds d'arbres imposables à 10 c. le pied, ferait   10,000,000

Supposez qu'il entre en moyenne par jour 100,000 kilos de comestibles, et d'aliments non sujets aux entrées, qui payeraient 20 c. le k., ferait 20,000 f., et par an 7,300,000

A reporter . 558,020,000 fr.

Report . . . . 558,020,000 fr.

Supposez 1,000,000,000 de revenu à la rente sur l'État et aux actions publiques, le 3 0/0 de leur revenu ferait à l'impôt direct annuellement. . . .   30,000,000

Supposez 200,000 équipages de luxe, qui seraient imposés en moyenne à 75 fr., ferait   15,000,000

Supposez 100,000 titres imposés en moyenne à 2,750 fr., ferait   275,000,000

Supposez enfin 5,000,000 de chiens imposés en moyenne à 11 fr., ferait .   55,000,000

Total annuel . 933,020,000 fr.

En vertu des grandes ressources précitées,

Nous soussigné, supplions qu'il plaise aux membres du Gouvernement provisoire de vouloir bien remarquer et se convaincre que la mutation des articles aux tableaux précités étant adoptée, cette grande œuvre dégreverait sensiblement le vexatoire impôt qui frappe sur le strict aliment du peuple français.

Dans cette pénible circonstance, nous soussigné, supplions les hautes lumières des membres du Gouvernement provisoire de vouloir bien apprécier que les consommateurs des comestibles et des objets de luxe que nous soumettons à l'impôt précité ne priveraient pas les consommateurs et les amateurs de leurs luxurieux achats.

Attendu que l'acheteur qui peut mettre 6 fr., 15 fr. et plus à tel ou tel objet, peut bien mettre 7, 16 et 100 fr., pour obtenir le luxe de ses désirs.

Mais un père, une mère chargés de famille souvent sont empêchés d'acheter une livre de viande, un litre de vin, un peu de volaille (rebuts des riches) parce qu'il leur manque 10 centimes pour obtenir le nécessaire de leur existence.

Généreux et persévérants citoyens, qui avez toujours consacré vos plus chers moments aux droits et au soulagement de vos frères opprimés;

Sublimes débris des dix-neuf qui avez si glorieusement soutenu le choc des quarante contre un;

Intègres et irréprochables humains, hommes au cœur français, nobles et généreux citoyens dans ce grand jour, dans ce jour suprême, pour vos pères, pour vos fils, vos neveux, pour vous-mêmes, brisez vos injustes lois qui grèvent impitoyablement l'aliment du malheureux; hélas! oubliant le passé, ouvrez les yeux sur l'avenir pour que vos sages délibérations rendent le bienfaisant décret que de vos cœurs attendent des millions de Français que vous honorez du titre glorieux de frères.

C'est l'espoir avec lequel j'ai l'honneur d'être avec un profond respect,

généreux et fraternels citoyens,

votre très-humble, très-sincère et devoué concitoyen,

DUMONT, Benoit (*de l'Eure*).

48, Rue Jacob-Saint-Germain.

9782012996786